JN221313

BOARDSHORTs

FROM

THE SURFER'S JOURNAL
JAPAN

YUSUKE HANAI

Introduction

"The characters depicted here are far removed from the stereotypical 'surfer'. His surfers are full of raw humanity-sometimes greedy and cunning,with traces of vanity,selfishness, and lust.Yet,they somehow manage to remain passionate and pure. They are people you might think you shouldn't aspire to be,much less associate with,but deep down,they're the kind you wish to emulate in a perverse way, seeking freedom and living enviable lives along the way.

This book is a compilation of 60 panels of the ongoing cartoon series "BOARD SHORTS" featured in The Surfers Journal Japan Edition from the October 2014 to September 2024. The Surfers Journal, founded in the U.S. in 1991, is the only publication that explores surfing from a cultural perspective. It draws contributions from columnists, creators, and artists from around the globe who resonate and expound on this theme. Together, they create a publication that weaves deep insights with intellectual viewpoints, complemented by stunning photographs and graphics.

The Japanese edition was launched in the spring of 2011, with "BOARD SHORTS" beginning its run from the third year of publication starting with Issue 3.4. The series is a collaboration between current editor-in-chief Toshi Izawa, managing director George Cockle, and the artist Yusuke Hanai. The title "BOARD SHORTS" is a double entendre, referring both to surfers' essential attire (board shorts) and to short stories (shorts). The format is a single panel cartoon, uniquely and insightfully portraying the surfers Hanai encounters in his daily life. The dialogue is written by Hanai and translated into English by George Cockle.

Yusuke Hanai, the author of this book, was born in 1978 and began his career as an artist in the mid-2000s. In recent years, his work has gained significant attention throughout the world. It would not be wrong to say that it all started with a successful solo exhibition at the Gallery TARGET in 2017. He has since showcased his art throughout the world, including prestigious museums in Shanghai. In 2023, he was invited to exhibit during the opening of the newly renovated T&Y Gallery in Los Angeles, alongside Barry McGee and Herbie Fletcher. He already has several major projects lined up for 2025. Hanai was also featured in a cover story in the renowned American art and culture magazine JUXTAPOZ in 2021. Many people may recognize his work from his collaborations with well-known brands. What makes this book noteworthy is the way Hanai's distinctive and impactful depictions of humanity have become even more concrete, illustrating why his art is sought after globally.

Hanai's work reflects influences from the counterculture attitudes of the 1950s and 60s, particularly from artists like Rick Griffin, a major force in that scene. Additionally, one can see the impact of the street art scene from the 2000's, later documented in the film Beautiful Losers.

Despite his global success, Hanai has remained true to himself and remains grounded in the values he developed while surfing in the Kamakura area during his high school years. The sentimental yet hilariously absurd connection with his local surfing community continues to be a key cornerstone of his work.

Interestingly enough, Hanai did not receive any formal art education growing up, but studied art for the very first time when he was 23 after he had enrolled in an art school in San Francisco. Nonetheless, he recalls that he enjoyed drawing during his elementary school years, creating slightly mischievous caricatures of his classmates and teachers, earning laughter and applause from his friends. This anecdote highlights his lifelong talent for observing people and using satire—skills that shine in the works featured in this book.

The quote at the beginning of this preface is Hanai's own commentary on this book. The surfers depicted in the following pages reveal the innate "sins" of humanity. What would normally cause discomfort -like a fishbone stuck in your throat- becomes oddly affirming and cathartic, thanks to the humorous, cynical, and metaphorical world Hanai creates. This peculiar but refreshing sense of relief that comes from reading these stories is something to savor. The wide range of unique characters challenges the reader's biases, urging them not to stereotype surfers as a monolithic group. Through these portrayals, Hanai presents a powerful message against the commodification of values and "right answers," offering a quest for true freedom unhindered by societal expectations.

Art and surfing -two seemingly unrelated spheres- are unified through Hanai's fluid depictions. In that sense, this book crystallizes the core themes that run throughout his work, serving as both a clear expression of those ideas and a unique anthropological study of human nature through the metaphor of the surfer.

Editor
Toshiki Ebe

はじめに

「ここで描かれる人はステレオタイプの "爽やかなサーファー" ではなく、人間臭さに溢れている。ときに強欲で狡猾。虚栄心が見え隠れして、自分勝手でスケベ。でも情熱的でピュア。こうあってはいけないだろうと思いながら、こうありたいと思える人。自由を求めて、羨ましい生き方をしている憧れの人々だ」

本書は『ザ・サーファーズ・ジャーナル・ジャパン』誌で現在も続く連載「BOARD SHORTS」の第1回（2014年10月）から2024年9月までの全60回分を加筆再編集したものだ。『ザ・サーファーズ・ジャーナル』誌は1991年にアメリカで創刊された雑誌で、世界で唯一の「サーフィン」を文化的に捉えた硬派な内容のもので、そこに共鳴した世界各地に散らばるコラムニストやクリエイター、アーティストが集い、深い見識と高い視座で紡ぐテキストと美しい写真とグラフィックで編集される。

日本版創刊は2011年の春。「BOARD SHORTS」は3年めの秋に発行された3.4号からはじまる。連載構成は現編集長の井澤聡朗、マネージングディレクターのジョージ・カックル、そして著者の花井祐介の3人でつくられた。

題名「BOARD SHORTS」の由来は、サーファーにとっての必需品トランクス（BOARD SHORTS）とショートストーリー（＝SHORT）のダブルミーニング。体裁はカートゥーン形式で、花井が出会ってきた「サーファー」の生態をユニークかつ本質的に描く。花井が執筆しジョージが英訳するセリフも秀逸だ。

さて、著者の花井祐介は1978年生まれの2000年代半ばに本格的に活動をはじめたアーティストで、近年の活躍には目を見張るものがある。2017年のGALLERY TARGETでの個展を成功させたのち、中国・上海の美術館など世界各国で作品を発表。2023年はアメリカ・ロサンゼルスに開廊したT&Yギャラリーのオープニングエキシビションとしてバリー・マッギー、ハービー・フレッチャーとの3人展を行う。2025年にもすでにいくつかのビッグプロジェクトを控えている。米国の名門アート＆カルチャー誌『JUXTAPOZ』では2021年にカバーストーリーで特集もされた。数々の有名ブランドとのコラボレーションで花井の作品と名を知る人も多いはずだ。こうして世界で求められるアーティストとなった花井作品の特徴である独特で印象的な人間像が、いっそう具象化されている点が本書の見どころとなる。

花井が青年期に影響を受けた1950〜1960年代のカウンターカルチャーのアティテュード、そのシーンで活躍したリック・グリフィン作品。のちに映画『BEAUTIFUL LOOSERS』として結実する2000年前後のストリートアートシーンからの影響が見て取れる。

一方、グローバルで活躍するようになってからも何ひとつ変わることのない、高校生の頃に鎌倉で始めたサーフィンで培った、人生の基軸となる価値観とローカルコミュニティとのセンチメンタルだがバカバカしいほど愉快な繋がりは、作品群の重要なベースとなる。

　23歳でサンフランシスコのアートスクールに留学するまで、特別な芸術教育を受けていなかった。しかしながら、小学生の頃から絵を描くことが好きだった花井は同級生や教師の似顔絵を片えくぼをつくりながら少しばかり悪意を持って描き、友人たちに見せて喝采を浴びていたと回想する。本書で披露される人間観察力と風刺的画力にまつわる興味深いエピソードだ。

　冒頭に書いた言葉は、本書へ寄せた花井の私評である。

　次ページから登場するサーファーたちは、人間が生来持つ「業」が炙り出されている。本来であれば喉の奥に小骨が刺さったような不快感があるはずなのだが、ユーモラスでシニカル、メタフォリカルな花井ワールドに収まることで、それは不思議と肯定され、読者に許しのようなものを与えてくれ、奇妙だが爽快な読後感が生まれる。また登場人物の多彩な個性の設定は、「サーファー」とひと括りに決めつけてしまう認知バイアスを訝しがる痛烈なメッセージとして受け止めたい。

それらを集約させて伝わってくるのは、価値や正解のコモディティ化にアンチテーゼを投げかけ、何かに縛られ押しつけられない本物の自由の希求だ。

　アートとサーフィン。異なる事柄のなかに共通する核を花井は軽やかに描く。そういう点で本書は、花井作品に通底するテーマをわかりやすく結晶化させた内容であるととともに、「サーファー」という人種をメタファーにしながら人間の本質を描く異色の文化人類学書の性格を持つユニークな、一冊と言える。

編集者
江部寿貴

Looking Into Our Souls

When I first met Yusuke Hanai, He was a young man of twenty years old and working at a local roadside bar and restaurant called "The Road And The Sky". The bar was owned by a surfer, so subsequently so were many of the customers. There were a group of young surf rats working there and he was one of them, but he always seemed like the friendly but quiet member of the bunch. He started his art career there by illustrating the menus, albeit paid as if it was one of his job requirements like washing dishes and busing tables.

Twenty odd years have passed since those days, and for an aloha shirt wearing sexagenarian surfer like me, Hanai's conservative button down shirt, buttoned up to the top wearing slacks with nicely cropped short hair style of dress has always intrigued me. How did he end up like that with all the scruffy surfers around him with their disheveled hair, surf trunks, alohas and t-shirts.

Any one who looks at Hanai's art will surely recognize someone they know, or sheepishly have to admit, see aspects of themselves in his work. He has managed to soak up the funny episodes and quirks of the people around him. If you ever have an embarrassing adventure, in the water or around town, and Hanai gets a hold of the story, you can be guaranteed that somewhere down the line, he will feature you, but in an unflattering but forgivable way. He puts enough of a spin on it so that you won't be able to confront him with it, because that will be like admitting that you are the kook or loser depicted in his cartoon.

The Surfer's Journal After all these years, hanging out or working with Hanai, I understand that Hanai was given a wonderful gift of observational artistic talent from the gods. I have come to the realization that we all live in Hanai's bizarre little world, whether we want to or not. We can't help but laugh at his creations because we see a little of ourselves in his drawings. He lets us laugh at ourselves and to me that is the most glorious gift that anyone could ever give to us.

The Surfer's Journal Japan
Managing Director

George Cockle

花井祐介再考

僕が初めて花井祐介に会った頃、彼はまだ地元の道路沿いにあったレストランバー「ザ・ロード・アンド・ザ・スカイ」で働く20歳の若者だった。その店のオーナーはサーファーで、客の多くはオーナーと同じサーファーだった。若いサーファーが多く働いており、彼もそのうちの1人だったが、その中で彼はフレンドリーで親しみやすいけれども、少し控えめな男だった。彼は店で皿洗いやテーブルの片付けをする傍ら、メニューの絵を描くことで彼のアーティストとしてのキャリアをスタートさせた。

あれから20年余りが経ち、僕のようなアロハシャツを着るようなセクサジェネリアン、60代サーファーたちは、花井のある意味保守的と言えるボタンを上まで留めたボタンダウンシャツにスラックス、きれいに整えられた短髪というスタイルにいつも興味を惹かれる。彼の周りにはボサボサな髪にサーフトランクス、ヨレヨレのアロハシャツかTシャツを着ているいわゆるだらしのないサーファーしかいないのに、だ。

誰もが彼のアートを見ると、おそらく知り合いを思い出したり、自己投影してしまうだろう。彼は周りの人々の面白いエピソードを、アートという形を通して表現するのだ。もしあなたが町中や海で後ろめたいことをしてしまったら、もしそれをどこかで花井が耳にしてしまったら、彼の作品にあなたが出てくることは間違いない。彼は自分のアートに少し捻りを加える。もしかしたら自分のことが描かれいるのでは？と、絵に対して文句を言ったら、自分の恥を認めてしまうのと同じだ。とはいえ、それは馬鹿にはされてはいるが、どこか笑って許せるハプニングだ。

長年彼と一緒に時間を過ごし、仕事をしてきてわかったのは、彼には神から授かったアーティストとしての才能があるということだ。彼のアートを見ているうちに、僕たちは、彼の奇妙だがどこかおかしい世界に住んでいると思わされる。たとえそう思いたくなくてもだ。彼のアートには、気づかぬうちに自分自身と重ねてしまうキャラクターが登場する。彼のキャラクターのすることなすことにふと笑ってしまう。そんな僕たちを笑わせてくれるアートを描く花井がいることが、かけがえのないギフトなのだと思う。

ザ・サーファーズ・ジャーナル・ジャパン
マネージング・ディレクター
ジョージ・カックル

To all of you
greedy
selfish
passionate
and
free
surfers
out there.

親愛なる

がさつで

強欲で

自分勝手で

情熱的で

自由な

すべてのサーファーへ

Yesterdays

昨日

「昨日来ればよかったのに」
（サーファーの常套句）

At the ferry terminal.

フェリー乗り場にて

「お１人ですか？」

「はい ...... １人です ......」

Weekday

平日

「こんな平日の真昼間に海に入れるなんてどういうことだよ？
この若者は何やってるんだ？仕事してないのか？」

「こんな平日の真昼間に海に入れるなんてどういうことだよ？
このおじさんは何やってるんだ？仕事してないのか？」

Surf Slang

サーフスラング

「昨日やった？あのリーフやばかったみたいじゃん！
朝イチのロータイドから満ちこみに向かっての時間が
一番良くてレジェンド大集合だったらしいよ！
どこのポイントも炸裂してたって！」

「昨日はサンセットタイムもやばかったぜ！
オーバーヘッドからお化けセットはダブルはあって、ピーク
からバーーってダウンザラインしたらミドルセクションは
ショルダーパキッと張ったフェースを走ってインサイドの
ボウルセクションはバコっとチューブ巻いて抜けちゃって
最高にストークしたぜ！」

「こいつら何語話してんだ？」

Get Out!

あっち行け！

海にて
先輩サーファー：「あっち行け！」

夜の街にて
先輩サーファー：「こっち来い！飲みに行くぞ！」

Wind

風

「君にクライアントから苦情が来てるぞ」

「あーそうですねー ......」
（おや、風向き変わったな！）
窓があると風向きが気になって会話も上の空になってしまう。

Vacation

家族旅行

子：「お父さん、春休みの旅行ここにしない？」

父：「良いね、波ありそうだな」

母：「......。」

Formal Wear

正装

「それがお前の正装?!」

Thin And Short

それ ...

「その板 薄くて短いね」

「まぁ俺は上手いからな！」

「それも細くて短いね」

「......」

Surfer's Greetings

挨拶

「よお！最近波ないなー」

「そ、そうですね、波ないっすね......」
(でもなんでこの人こんなに日焼けしてるんだろう......
ウェットの跡がくっきりだな)

Shaka!

シャカ!

「はい、チーズ！」

「？」

「え？おじさんそれ何？」

Party

パーティー

次の日に波があるパーティと、
次の日に波がないパーティー。

Locals Only

ローカルオンリー

部外者お断り

Handshake

握手

握手の仕方が複雑。

After Great Waves

ザ・デイの夜

「何を言ってるかまったく分からないけど
なんか良い波に乗れたみたいね」

Anniversary

記念日

女：「明日は結婚記念日よ」

男：「それじゃあ今日は買物に行ってどこか素敵な
　　レストランで食事をしよう！」

女：「♡」

男：「じゃあ明日サーフィン行っていいね」

女：「ふざけんな」

Crowds

混雑

「こんなに混んでるなら満員電車で
仕事に行った方がマシだよ ......」

Style

スタイル

皆それぞれ自分のスタイルがある。

Half Naked

半裸

「あ母さん、あの人なんで服を着ないで自転車に乗ってるの？」

「しーッ！あれはサーファーよ」

Surf Reports

波情報サイト

「ダメだ！波情報だとこのポイント今日良くないって書いてある。どこか別のポイント行こう！」

「いやいや！良い波割れてるって！」

Yapping

井戸端会議

「このオジさん達まだ喋ってる......
サーフィンしに来たんじゃないのかな？」

Barrel

バレル !?

布や紙の端が巻いているとチューブに見えてしまう。

Drink And Smoke

サーファー今昔

1960's
「飲まないし吸わないの？ お前サーファーじゃねーな」

2020's
「飲むし吸うの？ 君はサーファーじゃないな！」

Battle Scars

勲章

「ノーズが刺さって 5 針縫っちゃったよ」

「俺はフィンで 7 針縫ったぜ！」

「俺は数え切れない ......」

Fights

この機に乗じて

「あいつらやり合ってる間に良い波乗っちゃおうぜ」

Go Go!

Go Go!

「さっきの波良かったよ！ジョージさんが
『Go Go!』って言って波を譲ってくれたんだよ！
あの人いい人だなー」

「ジョージさんお前にあの波乗らせて
その次に来た最高の波に乗ってチューブ入ってたよ。
今日一番の波だったな」

Legends

レジェンド

レジェンドが多すぎて
憶えきれない ......。

Style Is Everything

やせ我慢

「大丈夫？」

「スタイルこそすべてなんだよ ......」

DESIRE FOR
FREE

OOM

Who is the delinquent ?

どっちがろくでなし？

人は見た目では判断できない。

Contest

コンテスト

「やったー! 波があるのに誰も入ってないぜ! 貸切だ!」

「オイ! そこの2人! 今日はここで大会だから出ていけ!」

Plastic

プラごみ

「人間はこんなに便利なものをこんなに沢山くれて
やさしいなぁ」

Goofy

グーフィーフッター

「ごめんなさい。
　僕グーフィーなんで右に行かないんです」

※Goofy【形容詞】愚かな、間抜けな、馬鹿らしい、荒唐無稽な、右足前のスタンス。

Just go surf!

ファッションサーファー

「俺はワークライフバランスが完璧なイケてる男
仕事も波乗りもバッチリメイクするぜ」

「黙れ！パソコンしまってさっさと海に行け！」

Old Wetsuit

古いウェットスーツ

古いウェットスーツを脱ぐ時は
友達に手伝ってもらわない方が良い。

Before Dawn

夜明け前

「あの位置に台風があるってことは今日は絶対に
波が上がるはずだ。
夜明け前に沖に出たからまだ誰も波に気づいてないだろう。
混雑する前に１人で沢山波に乗ってやる！」

Mouse

ねずみ

「俺がお前くらい小さかったら
あの波でもサーフィン出来るのになぁ」

Surf Dog

サーファー犬

サーファー：「みんな見てくれ！俺の犬、サーフィン好きなんだぜ！」

犬：「人間のエゴだ！」

Full On Winter

極寒の海にて

「あー、あったか〜い」

「こいつらウェットスーツの中で小便してるな ......」

How to avoid crowds.

混雑の避け方

「誰も入ってないな」「波ないのか」
「今日はダメか」

「よし！あいつら帰ったぞ！」

Knee High

ひざ波

「昨日最高だったぜ、頭オーバーだったよ！」

「嘘つけ！ひざ波だったじゃん！
お前が縮んじゃってたのか？」

Fun board?

ファンボード

「お前ファンボードなんか乗ってるの？笑
　俺のボードは 5'10" の尖ったトライフィンだぜ」

「俺のは 4'11" ブクブクブク ......」

Live Camera

ライブカメラ

男Ａ：「波良くなってきたぞ！どこにいる？」

男Ｂ：「嘘つけ！ライブカメラで見てるけど全然ダメだぞ」

男Ａ：「そのライブカメラずっと前から壊れてるぞ！」

男Ｂ：「.......」

Wave Pool

ウェイブプール

近い将来

「金のない奴らはビーチに行ってサーフィンしろよ!」

Doc Ocean

海が病院?

妻：「調子悪そうだけど病院行くの？」

夫：「風邪っぽいから海入って来る」

Stylish

スタイリッシュ

「オジさん半ケツ出てるよ！
トランクスのサイズ合ってないんじゃない？」

「黙れ小僧！これがスタイリッシュなんだよ！」

Sandals

When you go surfing
wear beat up Sandals.
The good ones
disappear first.

ビーサン

ボロボロのビーチサンダルを履いて
サーフィンに行きましょう。
新しいビーチサンダルから無くなるので……。

Double Overhead?

見栄っ張り

「今朝の波は最高だったぜ！ダブルはあったかな」

「こいつ沖にも出られず、1本も乗れず上がってたぜ」

Goose Bumps

鳥肌

「お前もうウェットスーツ着てるのか？
男らしくないなー！」

「鳥肌立ってるよ」

My Car

礼儀知らず

「このポイントはダメだ！違うポイントに行こう！」

「オイ！俺の車にびしょ濡れ砂だらけで乗るなよ！」

Pandemic

パンデミック

「新型のウィルスが猛威をふるっています」

「それは大変だ！晴れたら海に入って日光浴しなきゃ！」
太陽光と塩水は全ての病気を直すと信じている。

Weather Forecast

天気予報

気象予報士：「明日は一日中風が強く吹くでしょう」

サーファー：「この気圧配置なら午後には風が止むな。
　　　　　　　そのタイミングで行こう」

サーファーは気象予報士より天気を当てることが時々ある。

Summer And Winter

夏と冬

夏
「波のサイズひざからももか ...... 波あるな！」

冬
「波のサイズひざからももか ...... 波ないな」

Pee

おしっこ

「今日は波も良いし天気も良いし！最高だな！」

「そうだな、最高だな、もうすでに海に入ってる気分だぜ」

「おい！俺たちまだウェットスーツに着替えてないぞ！」

Forgot my trunks.

忘れ物

ちくしょー！
波良くて風も潮も完璧なのにトランクスもウェットスーツも
家に忘れてきちまった！
このビンテージジーンズ切って短パンにするか？
素っ裸で入るか？どうしよう……

Suntan

日焼け

「お父さん！服着たままシャワー入るの？」

「俺裸なんだけど ......」

Surf Coach

サーフコーチ

「波が来るよー。押してあげるから
頑張って立ってねー♡」

「パドルしろ！パドル！」

Outside!

嘘つき

沖にデカいセットが入ったぞー！

Surf Docs

サーファードクター

「先生、鼻水と咳が止まらなくて ......」

「風邪かな。ビタミンＣ 摂ってビーチで日光浴して
何本か波くぐったら悪いもの全部出るから
すぐに良くなるよ」

Learning To Surf

インストラクター

男Ａ：「サーフィン教えてくれよ」
男Ｂ：「いいよ、行こう」

男Ｂ：「じゃあ沖で待ってるよ」
男Ａ：「.......」

Take a shower NOW!

シャワー

「あなた汗だくじゃない！今すぐシャワー浴びれば？」

「明日の朝イチ海入るから大丈夫！」

Leave him alone!

そっとしておけよ!

「オーイ!そんなに沖じゃ波割れないぞー!」

「おい、そっとしておいてあげろよ。
　沖でこっそりうんこしてるんだよ!」

Freedom

逃げ場

「この世に自由な場所はもうないのか?」

KEEP PADDLING

Outroduction

This book is a collection of Yusuke Hanai's one-frame comic, "Boardshorts", serialized in "The Surfer's Journal Japan" (TSJJ). This is the first publication in TSJJ's 14-year history and is both a grand attempt and a somewhat foolish challenge to the modern surf media scene dominated by the internet and subscription generations.

It all started 10 years ago, just as "TSJJ" was finally starting to find its stride and gain momentum. The idea of serializing a surf comic with witty punchlines, much like "Wilbur Kookmeyer", a signature comic series from "Surfer" magazine in the US, was proposed. Yusuke Hanai, our long-standing friend and one of the hottest artists in the surf scene, was chosen for the task.

The origin of surf comics dates back to 1961, the year "Surfer" was launched. John Severson, the founder of "Surfer", was holding a screening of his surf film at Nathaniel Narbonne High School in Harbor City, Southern California. After the screening, as John was clearing up, a boy approached him with a thick notebook in a three-ring binder. It was a collection of 60 pages of penciled comics. John immediately stopped what he was doing when he saw the drawings. As an artist himself, Severson was captivated by the comics and promised to publish them in his newly established Surfer magazine. That 17-year-old boy was none other than Rick Griffin.

Griffin's comics featured straightforward stories, revolving around a blonde, big beady-eyed California surfer kid with strangely large feet and teeth. The first episode depicted a group of surfer kids heading to the beach. On the way, they brag about their bravery to surf heavy waves, but upon seeing the humongous waves striking the beach, they become terrified and start making excuses. This relatable story of surfers, with a protagonist named "Murphy", captured the essence of many surfers, who projected themselves onto "Murphy". Griffin's comic series quickly became a huge hit on Southern California beaches, and "Murphy" became an icon, representing Southern California pop culture. Griffin's work extended beyond comics into logo and character design, dominating surf magazines and advertisements, establishing him as a central figure in the birth of surf culture.

However, Griffin rode the wave of counterculture and moved to San Francisco. After being swept up in the Summer of Love, he became a pioneer of psychedelic art, representing the modern art scene of the time. At the same time (simultaneously), his iconic surfer character Murphy faded from the pages of "Surfer".

Yet, his spirit lived on, passed down to "Wilbur Kookmeyer", a comic by Bob Penuelas, which ran in "Surfer" from 1986 to 2006 for a span of 20 years, becoming a staple of surf comics. Penuelas admired Griffin as his mentor and openly stated that he learned how to express the unique values of surfers from Griffin's comics. His respect for Griffin was profound.

Likewise, Hanai cites Griffin as one of the artists he greatly admires. I believe the universal concept that Rick Griffin stood for since the day he first met Severson in 1961 has been passed down to Hanai's comic series, "Boardshorts", transcending generations.

As I was editing this collection, I felt that the characters depicted embody the peculiar values surfers share—somehow rowdy and selfish but passionate and free -spirited—making them stand apart from ordinary societal norms. This, without a doubt, is a value inherited from Murphy. If you can feel and empathize with this even a little, we as editors would be deeply gratified.

I hope you find the charm in the rowdy, greedy, selfish, and free-spirited surfers in this collection. Moreover, we would be more than grateful if that brings you a delightful discovery.

THE SURFER'S JOURNAL JAPAN
Editor in Chief
Toshiro Izawa

あとがき

　本書は、花井祐介が『ザ・サーファーズ・ジャーナル・ジャパン』誌 (以下 TSJJ) に 10 年間にわたって連載したワンフレーム・コミック「BOARD SHORTS」を、画集として一冊にまとめた作品集である。これは創刊 14 周年の TSJJ においてもはじめての刊行物であり、ネット世代、サブスク世代が闊歩する現代のサーフメディア・シーンに向けた、ある意味愚かなる問題提起と呼んでも差しつかえのない、大いなる試みとなる 1 冊だ。

　それは TSJJ がようやく軌道に乗ってきた 10 年前のことだった。かつて米『サーファー』誌の看板コンテンツだった漫画「ウィルバー・クークメイヤー」のような、洒落たオチのあるサーフコミックを連載してみてはどうかと、誰かが口にしたアイデアが発端だった。そしてサーフアートシーン界隈ではすでに人気だったアーティスト、花井祐介に白羽の矢が立った。もちろん彼が昔からの仲間であることも大きな要因ではあった。

　そもそもサーフコミックの誕生は、カリフォルニアで『サーファー』誌が創刊された 1961 年にまで遡る。

　『サーファー』誌のファウンダー、ジョン・セバーソンは、ある日、南カリフォルニアのハーバーシティにあるナサニエル・ナーボン高校でサーフフィルムの上映会を行っていた。閉演後、あと片づけに追われるセバーソンに、その高校に通うある少年が声をかける。少年は 3 つのリングバインダーに綴じられたブ厚いノートを持参していた。それは 60 ページにわたって丁寧に鉛筆で描かれた 60 話のコミック集だった。おもむろにセバーソンにそのノートを見せる少年。後片付けの手を止めてそのノートに見入るセバーソン。自らもアーティストとして絵筆をふるうセバーソンが、そのノートに興味を示さないわけがない。たちまちそこに描かれたコミックに魅了されたセバーソンは、まだ創刊間もない『サーファー』誌に、彼の作品を掲載することを約束する。その少年こそが当時 17 歳だったリック・グリフィンだった。

　グリフィン少年のコミックは、いたってストレートなストーリー。ブロンドヘアに大きなまなざし、足と歯が異常に大きいカリフォルニアのキッズサーファーを主人公に物語が展開する。例えば連載初回の内容は、ヘビーな波でサーフしようとキッズたちみんなでビーチへと向かう。その道中はもちろん勇ましい男気発言の連発なのだが、いざビーチに到着すると、凄まじいセットの波がビーチに炸裂している。その様子を見たキッズたちはみんな怖じ気ずいて言い訳に余念がない...... といった、現在でもいたって普遍的なサーファーズ・エピソード。そんなシンプルかつ読者にとっては等身大のストーリーと、さらに彼ら読者の化身、主人公 "マーフィー" が醸しだす強烈な個性は、一躍南カリフォルニアのビーチサイドで大ブレイクし、マーフィーのキャラクターはアイコンとして、そして彼を主人公としたコミックは、当時の南カリフォルニアを代表するポップカルチャーへとまたたく間に成長していく。

グリフィンのタッチはコミックの分野だけにとどまらず、ロゴデザインやキャラクターデザインなど、雑誌広告や看板などを中心に当時のサーフィン界を席巻。まさにサーフカルチャー誕生の中心的存在となっていったのだ。

しかしグリフィン自身は、やがて訪れるカウンターカルチャーの波に乗ってサンフランシスコへと移り住み、あのサマー・オブ・ラブの洗礼を受けると、サイケデリックアートの先駆者として当時のデザイン界を代表する時代の寵児となっていく。そして彼が考案した、ある意味ではサーファーの普遍的なキャラクター"マーフィー"も、それと同時に『サーファー』誌の誌上から姿を消してしまうのだった。

とは言えやがてそのスピリッツは、ボブ・ペニュラス描くところの「ウィルバー・クークメイヤー」へと継承されていく。こちらはこちらで、1986 年から 2006 年までの 20 年間の長きにわたって『サーファー』誌上を賑わし、サーフコミックのスタンダードとして人気コンテンツとなっていった。もちろんペニュラスは、自らの師としてリック・グリフィンの名を挙げ、サーファーという存在の固有の価値を表現する術を、グリフィンのコミックから学んだことを公言してはばからない。そのリスペクトは半端ではないものだった。

そして花井もまた、自分の敬愛するアーティストとして、リック・グリフィンの名を筆頭に挙げるひとりである。

花井の『ボードショーツ』には、リック・グリフィンがはじめてセバーソンに出会った 1961 年のあの日から、おそらくグリフィンが標榜した普遍的なコンセプトが、時代を飛び越えて継承されているとわたしは思う。

今回、本書を編集していてわたしが感じたのは、ここに描かれている輩はみんな、サーファーという稀有な価値観を持つ人種の、どうしようもなくがさつで自分勝手だけれど、情熱的で自由な、一般の社会的常識や価値観に比してまさに「特別」な存在なんだという世界観だ。それこそこれは"マーフィー"から受け継がれてきたものに外ならない。もしあなたもそれを感じ、さらに少しでもそこに共感できたならば、本書を編んだわたしたちとしても喜ばしい限りだ。

あなたにもぜひ、がさつで強欲で自分勝手で自由 …… そんなサーファーというどうしようもない存在の、けれどもけっして無視できない底抜けな魅力を、本書に感じて頂きたいと思う。そしてそれがあなたにとって嬉しい発見であることを、わたしたちは願ってやまないのだ。

ザ・サーファーズ・ジャーナル・ジャパン 編集長
井澤聡朗

BOARD SHORTS
ボードショーツ

著者 花井祐介
Yusuke Hanai

2024 年 11 月 29 日 初版第 1 刷発行

発行人　西村 修
編集人　井澤聡朗
英語監修　ジョージ・カックル
発行元　合同会社サーフメディアラボ
〒221-0056
神奈川県横浜市神奈川区金港町 5-14 クアドリフォリオ 8F　Tel 045-777-1115
発売 ライスプレス株式会社
〒150-0051
東京都渋谷区千駄ヶ谷 3-55-18　JINNAN HOUSE 2F
Tel 03-6721-0586
Web : surfersjournaljapan.com
印刷所 ベクトル印刷株式会社